EXTRAIT

DU PROCÈS-VERBAL

DES DÉLIBÉRATIONS

DU COMITÉ DE LA GUERRE,

Séance du Lundi 8 Avril, huit heures du soir.

INTERROGATOIRE

DU GÉNÉRAL MIRANDA.

EXTRAIT
DU PROCÈS-VERBAL
DES DÉLIBÉRATIONS
DU COMITÉ DE LA GUERRE,

Séance du Lundi 8 Avril, huit heures du soir.

INTERROGATOIRE
DU GÉNÉRAL MIRANDA. (*)

Première question.

POURQUOI avez-vous attaqué Maestricht ?

Réponse.

Par ordre par écrit du général Dumouriez.

(*) Si la publication de cet interrogatoire a été retardée, la faute en est dans les bureaux du comité militaire, qui, malgré l'ordre donné devant moi par le président, le 10 avril, de le faire imprimer, ne l'ont pas fait, & ce n'est que hier au soir qu'on m'a permis d'en faire prendre la copie. Je veux croire ce retard accidentel; mais il faut avouer que tout sembl.rait s'être entendu pour retarder ma vindication envers le public.

Deuxième question.

Quelles étoient vos instructions à ce sujet ?

Réponse.

Il me dit expressément que par les renseignemens qu'il avoit, que Maestricht se rendroit à la troisième bombe ; que la garnison ne vouloit pas se défendre ; que les bourgeois obligeroient le gouverneur à rendre la place ; qu'ainsi il falloit brusquer cette attaque, car ce n'étoit ni le temps ni la saison d'ouvrir un siège régulier ; que tout dépendoit d'ailleurs de la célérité avec laquelle je me débarrasserois de ce siège pour marcher sur-le-champ à Nimègue, avec un corps de vingt-cinq mille hommes ; qu'il falloit que l'attaque de Maestricht fût très-brusque, & que c'étoit de ma célérité à le seconder que dépendoit le salut non-seulement de la Hollande, mais de la République & de la liberté des peuples, & qu'il espéroit d'ailleurs que la place ne tiendroit pas plus de deux ou trois jours ; que si la place tenoit plus long-temps, il falloit laisser la continuation de l'attaque à l'armée des Ardennes & de la Belgique ; & moi avec celle du Nord, qui étoit sous mes ordres, marcher immédiatement sur Nimègue, pour empêcher que les Prussiens, qui étoient dans la Gueldre, ne pénétraſſent dans la Hollande, & ne tombaſſent ſur lui : en exécution duquel ordre l'avant-garde de l'armée du Nord tenoit la rive gauche de la Meuſe, depuis le Fort-Saint-Michel juſqu'à Véſeme.

Troiſième queſtion.

Avez-vous cette inſtruction par écrit du général Dumouriez ?

Réponſe.

Oui.

Quatrième queſtion.

Vous y êtes-vous exactement conformé ?

Réponſe.

Si parfaitement conformé, que le général m'a donné ſon approbation ; & que pour les ordres que j'ai donné d'après les ſiens aux autres généraux, il me dit en termes exprès : tous vos ordres envers différens généraux me paroiſſent très-clairs & très-bien faits.

Cinquième queſtion.

Etiez-vous autoriſé à prendre ſur vous de faire toutes les diſpoſitions que vous croiriez convenables pour aſſurer & accélérer le ſuccès de votre opération ?

Réponſe.

Je n'étois pas autoriſé à faire autre choſe

que ce que mes ordres me prescrivoient, & j'avois ceux du conseil exécutif pour exécuter tout ce que le général en chef Dumouriez m'ordonneroit, comme étant lui seul chargé de conduire les opérations militaires.

Sixième question.

Avez-vous trouvé, lors de l'exécution, les ordres qui vous ont été donnés suffisans pour enlever Maestricht ?

Réponse.

Si les renseignemens qui lui avoient été donnés par le général Dumouriez étoient vrais, il croit que oui ; mais que s'ils n'étoient pas vrais, il croit que non : la ville de Maestricht exigeant un siège en règle, & une attaque vigoureuse, si elle étoit proprement défendue par sa garnison.

Septième question.

Avant d'arriver devant Maestricht aviez-vous pris toutes les précautions d'usage pour une opération de cette nature ?

Réponse.

J'ai fait venir l'artillerie de siège des trois armées réunies ; & avec toutes les pièces capables de jeter les bombes, j'ai exécuté le bombardement ; faisant encore venir toute la grosse artillerie des trois armées, pour continuer le bombardement, en tirant à boulets rouges sur la place, si le bombardement n'étoit pas suffisant.

Huitième question.

Etiez-vous suffisamment pourvu de bouches à feu, de munitions & de vivres pour toute la durée de votre opération ?

Réponse.

J'étois pourvu de tous les approvisionnemens nécessaires pour le bombardement de cinq à six jours, ainsi que le général le supposoit dans ses ordres; & pour la continuation du bombardement, & ensuite tirer à boulets rouges, toutes les pièces & toutes les munitions nécessaires étoient dans les dépôts de Tongres, Liège, Tirlemont, Saint-Tron, Louvain & Malines, pour arriver à fur & mesure, pour la continuation du siège par les armées des Ardennes & de la Belgique, puisque celle du Nord, qui étoit sous mes ordres, devoit partir, sous ma conduite, pour la Hollande. Son avant-garde étoit déjà sur Graves.

Neuvième question.

A quel nombre se montoit les troupes sous votre commandement, pour votre opération sur Maestricht ?

Réponse.

Les troupes qui formoient l'investissement de Maestricht, étoient environ de quatorze à quinze mille hommes, lesquels, dans le cours du siège, furent diminués de trois à quatre mille hommes, qui marchèrent sur les frontières de la Hollande, d'après quelques mouvemens des ennemis.

Dixième question.

Etoit-il en votre pouvoir de les augmenter?

Réponse.

Non, il n'étoit pas en mon pouvoir, sans désobéir aux ordres du général en chef.

Onzième question.

Quel jour êtes-vous arrivé devant Maestricht?

Réponse.

Du 21 au 22 février.

Douzième question.

Quelles sont les dispositions que vous avez faites en arrivant?

Réponse.

Ouvrir la tranchée, y étant en personne avec tous les chefs du génie & de l'artillerie.

Treizième question.

Pourquoi vous êtes-vous décidé à bombarder la ville de préférence à en faire le siège en règle?

Réponse.

Parce que mon ordre me défendoit l'un & m'ordonnoit l'autre.

Quatorzième question.

Quelle raison aviez-vous pour croire que vous pourriez réduire la ville à se rendre par un simple bombardement ?

Réponse.

Je ne l'ai jamais cru personnellement ; mais le général le croyoit, & me donna des ordres en conséquence.

Quinzième question.

Quelles précautions aviez-vous prises pour couvrir votre bombardement & garantir votre armée de toutes surprises ?

Réponse.

Faire exécuter les ordres que le général en chef Dumouriez m'avoit donné, qui étoit de faire passer la Meuse à toutes les troupes de l'armée des Ardennes, pour se joindre à celle de la Belgique qui gardoit la Roër, formant avec ces deux corps une armée d'observation, qui, sous les ordres des généraux Valence, Lanoue, Stengel, Miasinski, Dampierre, Lamarche & Neuvilly, devoit couvrir l'attaque de Maestricht.

Seizième question.

A quelle diſtance de la place avez vous établi vos batteries pour le bombardement, & combien de jours a-t-il duré ?

Réponſe.

A-peu-près à cinq cents toiſes de l'enceinte de la ville ; le bombardement a duré cinq à ſix jours.

Dix-ſeptième question.

Pourquoi vous êtes vous abſenté & vous êtes vous fait demander pendant vingt-deux heures, lors de l'attaque ?

Réponſe.

Je n'ai jamais été abſent du quartier général, pendant le ſiège, que pour aller à la tranchée, excepté l'avant dernier jour de la levée du ſiège, que je ſuis allé à onze heures du matin ſur les hauteurs de la Hombergue & Willeré pour établir des batteries de vingt-quatre qui devoient tirer à boulets rouges ſur la place, & pour faire une reconnoiſſance ſur le fort Saint-Pierre, & voir ſi nos troupes ſe tenoient en ordre, m'étant rendu au parc d'artillerie au coucher du ſoleil.

Dix-huitième queſtion.

Aviez-vous connoiſſance de la poſition des armées ennemies ?

Réponſe.

Pas autres que celles que les officiers de l'avant-garde me communiquoient, & qu'ils recevoient des eſpions qu'ils employoient à cet effet.

Dix-neuvième queſtion.

Quelles ſont celles que vous ont communiqué ces eſpions?

Réponſe.

Que les forces de l'ennemi augmentoient conſidérablement, & par les différens rapports, je pourrois former l'opinion que ſes forces étoient de trente, ou tout-au-plus de quarante mille hommes.

Vingtième queſtion

Quel jour avez-vous reçu ces rapports?

Réponſe.

Je ne pourrois pas fixer le jour; mais les derniers me ſont venus, à ce que je crois, du 20 au 26.

Vingt-unième queſtion.

Par quel général vous ont été donnés ces avis; eſt-ce verbalement ou par écrit?

Réponſe.

Ces avis m'ont été donnés par écrit par les différens généraux qui commandoient ſucceſſivement l'avant-garde & l'armée d'obſervation, & je les ai toujours fait parvenir au général en chef.

Vingt-deuxième question.

Avez-vous gardé état de ces avis ?

Réponse.

La coutume est de former un état général de tous les différens rapports qui viennent de différens endroits, de déposer les pièces à l'état-major de l'armée, lesquels états je les ai renvoyés régulièrement au général en chef, & au ministre de la guerre.

Vingt-troisième question

Quelles précautions avez-vous prises sur les avis qui vous ont été donnés ?

Réponse.

Je ne pouvois en prendre aucune, puisque toutes les troupes disponibles étoient envoyées à l'armée d'observation, d'après les ordres du général en chef, & les généraux Valence & Lanoue, chargés particulièrement de cette défense, tandis que je m'occupois de l'attaque de Maestricht & de la marche sur la Hollande à une distance fort considérable.

Vingt-quatrième question.

Quelles dispositions avez-vous faites pour connoître les mouvemens des armées ennemies ?

Réponse.

Je n'en pouvois faire aucune, étant occupé au siège de Maestricht & les armées ennemies à une distance très-éloignée.

Vingt-cinquième question.

Quand avez-vous été instruit qu'elles marchoient sur vous ?

Réponse.

Le jour même que nous avons levé le siège, par un officier du génie, qui est arrivé à onze heures du matin à mon quartier-général de l'abbaye d'Hocthen, & qui m'a apporté une lettre des généraux de l'avant-garde, m'informant qu'un corps de 30 à 35,000 hommes avoit pénétré dans nos cantonnemens sur la Roër, battu nos troupes, & marchoit sur Maestricht pour secourir la place.

Vingt-sixième question.

Qu'avez-vous fait pour vous y opposer ?

Réponse.

N'ayant en tout qu'un corps de 12,000 hommes auprès de Maestricht à leur opposer, je les ai rassemblés, fait retirer l'artillerie sur Tongres, que j'ai couvert par un corps de 5 à 6000 hommes, mettant le reste des troupes ſur les hauteurs de de Viſet, pour couvrir également la place de Liége, & donnant avis au général Valence pour nous réunir & former un corps aſſez conſidérable pour nous oppoſer aux entrepriſes de la garniſon de Maeſtricht & du corps ennemi qui marchoit ſur cette place ; ce que nous exécutâmes avec ſuccès.

Vingt - ſeptième queſtion.

Etiez-vous maître de vos communications avec le général Lanoue ?

Réponſe.

Mes communications n'étoient libres avec le général Lanoue que par Liége ; le corps ennemi étant entre lui & moi, & les ponts de bateaux de Viſet & de Rekem étant brûlés.

Vingt - huitième queſtion.

Les troupes confiées au commandement du général Lanoue étoient - elles ſous vos ordres ?

Réponſe.

Elles étoient ſous les ordres du général Valence depuis ſon arrivée, par les diſpoſitions du général en chef Dumouriez, & parce que le général Valence étoit mon ancien ; j'ai néanmoins, dans un cas d'urgence, donné un ordre au général Lanoue, qui a été consenti du général Valence.

Vingt-neuvième question.

Ce général vous a-t il donné avis de la marche des ennemis sur lui ?

Réponse.

Comme il étoit sous les ordres immédiats du général Valence, il a communiqué tous ses avis à ce général; m'ayant prévenu, seulement au commencement, de l'attaque des ennemis, & de la marche d'un gros corps sur Maestricht.

Trentième question.

Qu'avez-vous fait lorsque vous avez été instruit que les postes avancés du général Lanoue avoient été forcés, & qu'une colonne ennemie s'avançoit sur vous ?

Réponse.

J'ai rassemblé toutes mes forces pour protéger la retraite de toute mon artillerie & je me suis posté sur Tongres & sur Viset pour empêcher les progrès des ennemis sur Liege & Saint-Tron, comme je l'ai dit ci-dessus.

Trente-unième question.

Avez-vous fait tirer à boulets rouges ?

Réponse.

Non.

Trente-deuxième question.

Avez-vous donné des ordres pour chauffer des boulets afin de tirer à boulets rouges ?

Réponse.

Oui, mais comme les grilles, charbons & choses néceſſaires à cette opération ne ſe trouvoient pas prêts, le général d'artillerie m'a fait obſerver que cela ne pourroit avoir lieu auſſi vite que je le deſirois & l'a remis au lendemain; & comme le ſiége a été levé dans la nuit, il eſt arrivé qu'on n'a pas tiré de boulets rouges.

Trente-troiſième question.

Avez-vous donné des ordres pour faire éprouver le charbon de terre & les grilles qui devoient ſervir à rougir les boulets avant de donner des ordres précis pour ce ſervice.

Réponse.

Le général en chef de l'artillerie étant chargé pour ſa partie de tout ce qui concernoit le bombardement & l'artillerie, étoit le chef, ſous la reſponſabilité duquel peſoient les épreuves de tous ces objets.

Trente-quatrième question.

Obſervé au général que ſa réponſe eſt évaſive, en ce qu'il ne dit pas directement, s'il a donné lui-même les ordres au général d'artillerie pour les épreuves.

Réponse.

J'ai donné des ordres très-précis au général d'artillerie pour tenir prêt tout ce qui pouvoit être néceſſaire dans l'artillerie, conformément aux loix & réglemens militaires, ſans croire devoir lui particulariſer le charbon plutôt que la poudre & autres objets concernant la partie d'artillerie.

Trente-cinquième queſtion.

Avez-vous eu connoiſſance que le charbon s'eſt trouvé d'une qualité ſi défectueuſe, que les boulets n'ont pû être rougis.

Réponſe.

On m'a dit d'abord que le charbon qui avoit été porté au parc d'artillerie n'avoit pas la force néceſſaire pour rougir les boulets; ſur quoi ayant fait appeller le chef d'artillerie pour lui en demander la raiſon, il m'a obſervé que les fourneaux étoient un peu défectueux ainſi que le charbon, mais qu'il feroit corriger ce défaut & venir du meilleur charbon avec lequel il eſpéroit tirer parfaitement bien le lendemain à boulets rouges, comme je l'ai déjà obſervé.

Trente-ſixième queſtion.

Avez-vous connoiſſance que les grilles n'ont

pû ſoutenir le ſervice auxquel elles étoient deſtinées.

Réponſe.

Cette plainte n'eſt point arrivée à ma connoiſſance & les grilles que j'ai fait préparer pour tirer à boulets rouges avec l'artillerie de vingt-quatre, ſur les hauteurs de la Hombery & de Willeré m'ont paru parfaitement bonnes comme celles dont j'ai fait uſage en pareille occaſion; d'ailleurs les officiers d'artillerie qui étoient préſens m'aſſuroient qu'ils répondoient de la réuſſite.

Trente-ſeptième queſtion.

Avez-vous connoiſſance que dans la plupart des canons de douze, ſeize & vingt-quatre les boulets étoient d'un calibre abſolument inférieur à la bouche à feu pour laquelle ils étoient deſtinés?

Réponſe.

C'eſt la première fois que je l'entends dire, & m'étant trouvé préſent à plus de vingt actions avec la même artillerie & les mêmes officiers, je n'ai jamais pu m'empêcher d'admirer la bonne direction de notre feu dans toutes les occaſions.

Trente-huitième queſtion.

Avez-vous fait dreſſer procès-verbal de la

défection

défection du charbon & des fourneaux destinés à rougir les boulets ?

Réponse.

Non, je ne l'ai pas fait, & je n'ai jamais vu ni entendu dire qu'on fasse dresser des procès-verbaux dans de pareilles occasions.

Trente-neuvième question.

Avez-vous fait punir ou arrêter les personnes qui avoient la direction immédiate de ces fournitures ?

Réponse.

J'ai réprimandé le chef de l'artillerie, responsable de toutes ces fautes ; j'ai donné plainte au général en chef, qui a puni le chef d'artillerie.

Quarantième question.

Quels sont les chefs qui ont été punis, & quels genres de punition ont été exercés contre eux ?

Réponse.

Le lieutenant-général Danghest, que le général Dumouriez me dit avoir puni, & qui fut effectivement renvoyé à Douai.

Quarante-unième question.

Avez-vous gardé copie de la plainte que vous avez dirigé contre ces officiers d'artillerie ?

Réponse.

Si la copie de ces papiers n'eſt pas perdue, avec dix ou douze autres qui ſe ſont égarés dans la retraite, elle ſera parmi les miens ſûrement.

Quarante-deuxième queſtion.

Quel jour avez-vous donné ces plaintes, & quel jour ces officiers ont-ils été punis ?

Réponſe.

La plainte, je l'ai donné du même quartier-général de Hoćthen, & le général Dumouriez me marque dans les lettres que j'ai dépoſé ici, le jour qu'il a renvoyé le général Dangheſt.

Quarante-troiſième queſtion.

Quels ſont les noms, ſurnoms des deux aides-de-camp qui l'accompagnent à Paris, & quel étoit leur état avant qu'ils fuſſent auprès de lui ?

Réponſe.

Mes deux aides-de-camp ayant été, l'un tué ou reſté ſur le champ de bataille, à l'affaire de Nerwinder, & l'autre bleſſé, le général en chef nomma pour reſter auprès de moi, comme ſuppléans à ces deux aides-de-camp, les deux adjoints aux adjudans généraux de l'armée du Nord, placés par les commiſſaires de la convention nationale,

Nicolas-Charles-Grégoire Dulac, & Charles Dulac, l'un ci-devant sergent au bataillon du Puy-de-Dôme, & l'autre lieutenant au même bataillon, tous les deux ensuite aides-de-camp du général Chasot.

Quarante-quatrième question.

N'avez-vous pas reçu avis par un capitaine chasseur Tyrolien, déserteur, vers la mi-février, que les ennemis se formoient en corps pour forcer les cantonnemens françois le long de la Roër ?

Réponse.

J'ai reçu avis par différens déserteurs, que j'ai examinés à Liége, & parmi eux il y en avoit un qui se disoit officier, qui confirmoit à-peu-près le rapport de nos espions. Ils s'accordoient tous à dire que la force des ennemis s'augmentoit sur la Roër ; & ce sont ces différens rapports qui m'ont formé l'opinion que la force des ennemis étoit de trente à quarante mille hommes, ainsi que je l'ai dit ci-dessus.

Quarante-cinquième question.

N'avez-vous pas reçu avis par ce même capitaine Tyrolien déserteur, que les troupes Autrichiennes qui étoient au-delà de la Roër, recevoient habituellement des vivres

& fourages de nos magaſins pour leurs ſubſiſtances ?

Réponſe.

Non, & c'eſt une choſe que je n'ai jamais entendu dire juſqu'à préſent ; d'ailleurs cet officier déſerteur n'a jamais parlé avec moi, puiſque je n'entends pas ſa langue ; mais je ſais bien que la dépoſition a été miſe, traduite par écrit, & renvoyée dans l'état général au commandant en chef, & aux officiers généraux à qui il appartient.

Quarante-ſixième queſtion.

Pourquoi n'avez-vous pas tenté d'arrêter l'ennemi dans ſa marche ?

Réponſe.

Parce qu'il étoit trois fois plus fort que moi.

Quarante-ſeptième queſtion.

Quelles diſpoſitions avez-vous faites pour couvrir votre arrière-garde, retirer vos magaſins & vos approviſionnemens.

Réponſe.

J'ai retiré l'artillerie & preſque tout ce qui étoit relatif au ſiège, aux environs de Maeſtricht, ainſi qu'à Tongres ; les magaſins de Liége, d'Aix-la-Chapelle & autres, étoient ſous la protection des armées des Ardennes

& de la Belgique, commandées par le général Valence, à qui je me suis réuni après ; &, d'accord avec lui, qui étoit mon ancien, nous avons fait retraite depuis Liége jusqu'à Louvain.

Quarante-huitième question.

Sur quel point avez-vous dirigé votre retraite ?

Réponse.

Sur Louvain, dans la forme indiquée ci-dessus.

Quarante-neuvième question.

Dépendoit-il de vous de faire une jonction avec les troupes du général Lanoue, de manière à couvrir Liége ?

Réponse.

Non, sans quitter les postes de Visét & de Tongres, par lesquels les ennemis auroient pénétré, & nous auroient coupé.

Cinquantième question.

Quelles ont été vos opérations depuis votre jonction avec le général Lanoue ?

Reponse.

Celle de continuer notre retraite depuis Liége jusqu'à Louvain, sous les ordres du général Valence, qui, comme le plus ancien, commandoit toutes les forces réunies.

Cinquante-unième question.

Quels ordres avez-vous reçu du général Dumouriez le jour de la bataille de Nerwinden?

Réponse.

Ceux-ci du 18 mars.

« Le général Miranda attaquera par la gauche entre Orsmaël & la chapelle de Bethanie, » tant avec ses troupes qu'avec celles du général Champmorin; il passera la rivière sur » tous les ponts, & attaquera sur autant de » colonnes & vigoureusement l'ennemi dans » sa position. Il est prévenu que l'attaque est » générale depuis Overwenden jusqu'à la chapelle de Bethanie; la totalité de l'attaque de » gauche est absolument à ses ordres. Le général » Champmorin doit nécessairement faire garder le pont de Budengen & y employer une » force assez imposante pour pouvoir au besoin » menacer l'ennemi d'une attaque de flanc vers » la partie de Leau, où cette force marcheroit » en colonne. (1)

» *Signé*, le général en chef, DUMOURIEZ.

Cinquante-deuxième question.

Les avez-vous exactement exécutés?

Réponse.

Si exactement que j'ai rassemblé tous les officiers généraux & chefs de brigade qui

(1) *Voyez* le nota de la page 33.

commandoient les différens corps de troupes que j'ai formées sur sept colonnes commandées par les généraux Ruault, Champmorin, Miafinski, Hiller ; & les colonels, chefs de brigade, Champolon, Duménil & Kaeting, auxquels j'ai lu l'ordre du général en chef; ces différentes colonnes ont passées la petite Geete par les ponts d'Orsmaël, Hellen & Leau, & ont attaqué vigoureusement l'ennemi avant aucune autre division. Les colonnes sous les ordres de Champmorin, Ruault & Duménil ayant été conduites à l'attaque par moi personnellement.

Cinquante-troisième question.

Qui peut avoir occasionné le désordre qui a eu lieu dans l'aile que vous commandiez, & la retraite précipitée qui en a été la suite.

Réponse.

La position très-avantageuse que l'ennemi occupoit sur sa droite ; que notre gauche avoit ordre d'attaquer ; la nombreuse artillerie qui ajoutoit aux avantages du terrain, le nombre presque double des troupes ennemies qui la défendoit, & enfin la grande difficulté que nos troupes trouvoient à chercher les chemins pour approcher l'ennemi, & faire usage de leur artillerie, ont été les causes des pertes considérables que tous les corps ont essuyées en faisant l'attaque, de manière qu'au bout de trois heures du combat le plus vigoureux & le plus meurtrier que des troupes aient jamais essuyé, les nôtres furent obligées de se retirer, ayant laissé sur le champ de bataille deux mille braves défenseurs de la liberté, témoignage illustre de la vertu républicaine; & la plus lâche action peut-être du général en chef Dumouriez est celle d'enlever cette gloire à la Patrie & l'honneur aux soldats qui ont su mourir à leur poste en remplissant le plus sacré de leurs devoirs : s'ils ont perdu quelque artillerie, c'est parce que les chevaux ont été tués & les pièces démontées sous le feu dominant de l'ennemi ; la seule brigade que commandoit le colonel Champolon a eu en quatre minutes de temps, pendant qu'elle se déployoit devant les lignes de l'ennemi, dix-sept chevaux de tués & quatre pièces démontées, selon le rapport de cet officier : quand on la perd de cette manière, on la perd avec honneur....... La troupe avoit une rivière à dos & deux ou trois ponts seulement sur une grande distance pour passer; puisque le général en chef n'avoit ordonné aucune disposition pour jeter des ponts; ainſi il n'eſt pas étrange, qu'ayant tant ſouffert dans le combat & étant vivement pourſuivi par un ennemi très-ſupérieur en nombre & qui avoit de ſon côté tous les avantages que le terrain & les ſituations peuvent donner en pareil cas, la troupe ſe fuſſe retirée une partie en confuſion; mais je le répète, ce n'étoit que le petit nombre, & le reſte de la diviſion s'étoit comporté en braves & dignes défenſeurs de la liberté. Les fautes les plus eſſentielles n'ont pas été certainement celles du ſoldat, qui, quand on l'a bien conduit, s'eſt comblé de gloire, comme ceux de cette même diviſion l'ont fait le jour ſuivant & le 22 mars à Pellemberg, de l'aveu même de ſes ennemis. Je ne prétends pas couvrir la honte des lâches ni le déſordre infâme des pillages auxquels s'eſt livré une partie des troupes commandées par de mauvais chefs & qui a pu jeter quelques nuages ſur la réputation glorieuſe que l'armée s'étoit acquiſe à ſi juſte titre juſqu'à cette époque; mais la ſource principale de ce déſordre étoit dans l'état-major & le général en chef qui n'appliquoit pas les remèdes néceſſaires, ou du moins ceux que nous avions employés juſqu'alors pour les prévenir.

Cinquante - quatrième question.

Pourquoi n'avez - vous pas fait prévenir aussitôt le général en chef de votre retraite ?

Réponse.

J'ai envoyé un aide - de - camp immédiatement & deux ordonnances pour le prévenir, tandis que je recevois le même rapport de la retraite des autres divisions par des officiers de l'état - major & des ordonnances; immédiatement que je pus avoir une lumière pour écrire, je lui fis mon rapport très - détaillé, que je lui ai envoyé par un courrier, accompagné de nos ordonnances de l'armée, pour qu'il puisse lui parvenir le plutôt possible.

Cinquante - cinquième question.

Qu'avez - vous fait pour rallier vos troupes dispersées, & où avez - vous porté votre division ?

Réponse.

Les troupes qui étoient en confusion, je leur ai donné l'ordre de se rallier derrière la la ville de Tirlemont, où les premiers corps débandés étoient déjà. Par ce moyen, ils se sont tous arrêtés à l'endroit que je leur avois indiqué. Les divisions, sous les ordres des généraux Champmorin & Ruault, ont reçu l'ordre de venir prendre la position de

Wommersoms, & cinq bataillons, qui arrivoient de Louvain, de prendre la même position sous les ordres du général Hiller, ainsi que toute la cavalerie qui étoit sous mes ordres.

Cinquante - sixième question.

Quel jour avez - vous rejoint le général Dumouriez campé près Louvain ?

Réponse.

Le 21 mars, après avoir reçu l'ordre qui suit :

« Le corps d'armée aux ordres des généraux Miranda, Chancel, Sténénow & Egalité se formera sur deux colonnes ; une colonne passera par la chaussée, & se retirera sur les hauteurs, en arrière de Louvain, où le camp a été placé, l'autre marchera par Lauwemhons, Corbeeck & Hawerté, où elle prendra une position en arrière de Louvain, la droite appuyée à la rivière de Voir, & la gauche vers le bois de la communauté.

» Louvain, 21 mars 1793, deuxiéme de la république, &c.

Signé, le général en chef, DUMOURIEZ.

» *P. S.* Le mouvement se fera à onze heures précises ; le général Miranda prendra le commandement de ses deux colonnes, pour

» y maintenir l'ordre. *Signé*, DUMOURIEZ. »

J'obſerve que le même jour, 21 mars, que ce général m'a confié la conduite de tous ces différens corps, il m'inculpoit auprès des commiſſaires de la convention nationale, & leur faiſoit prendre un arrêté pour m'envoyer ſur le champ à la barre de la convention, y rendre compte de ma conduite, & que l'ordre ne m'a été ſignifié que le 25 au ſoir, quand la retraite des troupes a été effectuée ſous mes ordres.

Cinquante-ſeptième queſtion.

Qu'avez-vous fait depuis votre jonction avec le général Dumouriez juſqu'au moment où vous avez été requis de vous rendre à la barre de la Convention ?

Réponſe.

J'ai ſuivi jour par jour les ordres du général en chef, dont je dépoſe les originaux au comité, ayant toujours commandé l'arrière-garde dans la retraite de l'armée juſqu'au 25, à dix heures du ſoir, que le général m'envoya au camp de Bouvigni, ſous Ath, l'arrêté du 21 Mars, fait à Bruxelles par les commiſſaires de la Convention Nationale dans la Belgique, pour me rendre à la barre de la Convention.

Cinquante-huitième question.

Aviez-vous connoissance des opinions du général Dumouriez, sur les travaux de l'Assemblée.

Réponse.

Oui, je lui avois entendu dire souvent que la moitié étoient des imbéciles & l'autre des scélérats, ce qui produisit mon inimitié & ma séparation de liaison; ce qui joint à d'autres observations & d'autres faits survenus depuis son retour de la Hollande, a motivé la lettre que j'écrivis en date du 21 mars, au citoyen Pétion, dont je dépose copie au comité, laquelle lettre j'envoyai par *duplicata* en deux couriers au citoyen Pétion.

Cinquante-neuvième question.

Le citoyen Pétion a t-il répondu à cette lettre ?

Réponse.

Etant parti le 25 mars, je n'ai reçu aucune réponse.

Soixantième question.

Quel jour êtes vous arrivé à Paris, & ce jour-là avez-vous fait part à quelques membres de la Convention des sentimens inciviques de Dumouriez.

Réponse.

Je suis arrivé à Paris le 28 mars, à neuf heures du soir, j'ai envoyé immédiatement prier le citoyen Pétion de venir me trouver pour un objet de la plus grande importance; il s'est rendu chez moi, accompagné du citoyen Bancal, membre de la Convention Nationale; je leur ai dit que Dumouriez étoit un traître, que je croyois qu'il vouloit marcher sur Paris avec l'armée & qu'ils eussent à prévenir les Pouvoirs constitués pour prévenir le mal qui menaçoit la république; que je craignois fort que dans le moment où je parlois il n'eût déjà levé le masque & fait éclater la conspiration, puisqu'il m'avoit assuré très-positivement dans nos derniers entretiens qu'il ne mettroit jamais les pieds en France; & je l'avois quitté sur la frontière..... Je me proposois de faire cet exposé exact à la Convention Nationale le lendemain de mon arrivé; c'étoit à cet effet que j'écrivis au Président pour lui demander d'être admis à la barre : mais n'ayant pû obtenir mon admission, malgré que je me sois présenté tous les jours, je me suis décidé à le publier dans un mémoire imprimé qui contient tous ces faits.

Soixante-unième question.

Avez-vous connoiſſance que les citoyens Pétion & Bancal aient fait parvenir à la Convention Nationale vos déclarations qui étoient d'une ſi grande importance.

Réponſe.

Le Citoyen Pétion m'a informé qu'il les avoit communiqué immédiatement au comité de défenſe générale, le citoyen Bancal étant parti pour ſe rendre à la frontière, je ne l'ai pas vû depuis.

Soixante-deuxième question.

Avez-vous eu connoiſſance que le citoyen qui vous a accompagné à Paris & qui ſervoit auprès de vous à l'armée, ait fait part à quelques membres de la convention nationale des trahiſons de Dumouriez & des lumières que vous pouviez donner ſur ces trahiſons, ſi vous étiez entendu ſur-le-champ à la barre.

Réponſe.

Oui, n'ayant aucune connoiſſance intime avec aucun membre de la convention nationale, & étant informé par le citoyen G. Dulac (qui eſt auprès de moi en l'abſence de mes aides-de-camps) de l'intégrité du citoyen Magnet, membre de la convention, qu'il connoiſſoit intimement ; je le priai de lui faire cette confidence, pour qu'il la communiquât à ses collègues, pour qu'ils puissent rémédier aux maux qui menaçoient la république par les desseins perfides de Dumouriez.

Soixante-troisième question.

Le général Dumouriez vous a-t-il donné ordre de faire exécuter le décret du 15 décembre dernier dans la partie de la Belgique confiée à votre commandement ?

Réponse.

Je n'ai pas reçu d'ordre positif du général Dumouriez pour faire exécuter le décret du 15 décembre ; mais d'après les conférences qui avoient eu lieu avec les commissaires de la convention, je l'ai fait exécuter dans l'armée que je commandois.

Le général a remis en appui de ses réponses un registre des lettres & ordres de service ; le tout en original, & les interrogats ont été clos aujourd'hui 10 avril 1793, à minuit.

Signé, MIRANDA.

Signé, OLIVIER GERENTE, *Président du Comité Militaire.*

FIN.

Se vend chez BARROIS l'aîné, quai des Augustins, n° 19.

Nota. Le général Dumouriez a eu l'impudeur de dire au général Champmorin & au capitaine du génie Déjean, ſur la repréſentation que ceux-ci lui feſoient contre les fauſſetés avancées dans ſa proclamation, & ſur l'impraticable attaque de l'aîle gauche, le 18 mars, par la trop ſupérieure poſition que l'ennemi occupoit : « Qu'il » n'avoit pas donné l'ordre à l'aîle gauche d'attaquer, & » qu'elle devoit ſeulement faire le pivot du quart-de-» converſion que toute l'armée françoiſe devoit former en » dépoſtant l'ennemi ». Ce même rapport, il l'a fait circuler par ſon ſatellite Touvenot & autres de l'état-major : on m'aſſure même qu'il l'écrivit officiellement, dans le temps. Le fait ſeul prouveroit qu'il a trahi plus d'une fois la vérité.

www.ingramcontent.com/pod-product-compliance
Ingram Content Group UK Ltd.
Pitfield, Milton Keynes, MK11 3LW, UK
UKHW020422220726
13923UKWH00005B/2112

9 782019 323509